RESTAURATION

DE

LA LÉGITIMITÉ

ET DE

SES ALLIÉS

PAR

E. LITTRÉ

DÉPUTÉ DE LA SEINE

Malheureux roi, malheureuse France!
Journal des Débats, sous Charles X, à la menace des ordonnances.

PARIS

E. DENTU, LIBRAIRE-ÉDITEUR

PALAIS-ROYAL, 17 ET 19, GALERIE D'ORLÉANS

1873

PRÉFACE

Les trois articles qui composent la présente brochure ont été écrits alors que je résidais à Pornic, sur les bords de la mer; *le Phare de la Loire* les a publiés, et je remercie M. Mangin, directeur de cet important journal, de leur en avoir ouvert les colonnes. Je remercie aussi les différents journaux de Paris et des départements qui les ont reproduits; et c'est en raison de cet accueil que je les remets sous les yeux du public. Le temps presse, le péril est grand, et chacun doit intervenir selon ses forces dans la lutte.

Ces articles correspondent aux trois phases que la fusion a présentées successivement. D'abord nous eûmes la phase pure du drapeau blanc, de la légitimité restaurée et de M. de Chambord relevant la monarchie traditionnelle. Puis on parla de la vieille constitution monarchique de la France, de celle que la révolution avait si méchamment mise à mort. Enfin, renonçant, vu les impossibilités, au drapeau blanc et à la vieille constitution, la fusion se fixa au drapeau tricolore et à des institutions que la chambre ferait adopter au futur Henri V. Là est la suite et l'unité de ces articles.

Les hommes qui combattirent l'établissement de l'empire de toutes leurs forces, auraient, on le voit amplement, rendu à la France un signalé service, s'ils eussent réussi. Ceux qui combattent aujourd'hui de toutes leurs forces le rétablissement de la légitimité, rendront, s'ils réussissent, un non moindre service; car, vu le prince et le pays, l'avenir de la restauration ne sera pas autre que n'a été son passé.

Je comprends sans peine que des hommes éclairés et bien intentionnés préfèrent la monarchie constitutionnelle, et, soit par souvenir, soit grâce à l'exemple de l'Angleterre, y voient un gage de sécurité. Sans partager leur opinion, vu que, suivant moi, ils ne se rendent pas suffisamment compte des difficultés qui attendent en France tout rétablissement monarchique, et des facilités qui présentement favorisent la république; sans partager, dis-je, leur opinion, j'en aperçois clairement les motifs plausibles et les raisons sérieuses. Mais ce que je ne comprends pas, c'est que ces hommes éclairés et bien intentionnés se soient adressés à la légitimité.

En ceci, leurs lumières les abandonnent, leurs bonnes intentions s'égarent, et leurs plus chères convictions seront trompées. La force des choses, encore plus que l'intention des hommes, veut que cette transaction soit semée de mécomptes et de déceptions réciproques. Ils auront les paroles du prince, mais les légitimistes et les cléricaux auront le prince. Charles X est là pour montrer lequel vaut mieux, avoir le prince ou avoir les paroles. Être plus habile que Charles X avec les mêmes vues politiques et religieuses, voilà sur quoi roulera toute la future restauration.

L'hypocrisie du drapeau tricolore en est le visible augure. Et comment exprimer autrement ce changement de couleurs, quand on lit dans la lettre de M. le comte de Chambord à M. Dupanloup: « La France ne comprend » pas plus le chef de la maison de Bourbon reniant l'éten- » dard d'Alger, qu'elle n'eût compris l'évêque d'Orléans se » résignant à siéger à l'Académie française en compagnie » de sceptiques et d'athées (1). »

Cette année de 1873 représente fidèlement l'année de 1851. On travaillait alors, comme on travaille aujourd'hui, contre la république. En 1851, l'ennemi en était le prince Louis-Napoléon, président; en 1873, l'ennemi en est une coalition formée dans la droite et le centre droit. Les mots seuls sont changés : c'était pour l'empereur, c'est pour le roi. Il s'agit toujours de mettre au pays la camisole de force, en 1851 la camisole césarienne, en 1873 la camisole cléricale.

Aucune masse populaire n'appelle Henri V; aucune acclamation que celle des pèlerins et des cléricaux ne se prépare pour accueillir sa royauté. Inutile royauté qui ne nous a été d'aucune aide ni dans nos désastres ni dans notre réparation; royauté béate qui ne pourrait vivre que d'adoration et qui n'en trouve plus; royauté déceptive à qui les faiseurs marchandent sa légitimité et qui leur marchande une constitution; enfin, royauté contestée et contestable tant qu'elle durera, car elle est issue d'étroits conciliabules, hors de la clarté du jour et sans la consécration nationale !

(1) C'est moi que ce passage désigne; mais, j'en demande pardon à M. le comte de Chambord, il a été inexactement informé par M. l'évêque d'Orléans. Je ne suis ni sceptique (ayant la foi en la science positive, flambeau et guide de la vie individuelle et collective), ni athée (traitant l'athéisme et le déisme d'explications du monde également inacceptables, et écartant comme inaccessible à l'esprit humain toute recherche d'origine et de fin). — Dans une déclaration toute récente, M. de Chambord promet, il est vrai, la tolérance aux protestants; mais il ne promet rien aux libres penseurs, qui, sous diverses formes, sont si nombreux dans toutes les classes.

Vraiment, je ne sais par quelle frontière M. de Chambord pourra rentrer, ni quelle ville traverser, sans entendre retentir à ses oreilles le cri de : Vive la république! Il triomphera, je le veux, de ces clameurs, il dispersera ces foules, il passera, dût son entrée coûter des violences. Mais après? mais la suite? mais l'avenir?

Dans la France remaniée par la révolution, la légitimité cléricale est, quoi qu'on fasse, un gouvernement suspect, d'un bout du pays à l'autre, en haut et en bas, dans les villes et dans les campagnes. Quoi de plus dangereux pour lui comme pour nous qu'un gouvernement suspect?

La nouvelle restauration qu'on nous apprête, numérotons-la, cela vaut la peine; c'est la troisième, et ce chiffre dit tout. Admirables recommenceurs! Cette rechute dans la légitimité et le cléricalisme amènera la rechute dans la révolution. Les recommenceurs en révolution ne manqueront pas plus que les recommenceurs en légitimité. La république, seule, ouvre une ère nouvelle, à la fois affranchie des restaurations provoquantes et des révolutions provoquées.

8 octobre 1873.

RESTAURATION

DE LA LÉGITIMITÉ

ET DE SES ALLIÉS

1815 et 1873.

La nouvelle restauration qu'on nous prépare est, comme la première, légitimiste et cléricale, et d'une façon encore plus criante et plus insupportable ; car elle est soumise à des doctrines ultramontaines et au *Syllabus* qui n'existaient pas lors de l'ancienne restauration, et elle se trouve en face d'une société plus déterminément laïque et moderne que n'était celle des hommes de 1815.

Pourtant un péril réel s'approche. Il ne faut pas l'atténuer en parole, tandis qu'il subsiste en fait; mais il faut l'envisager tel qu'il est pour le combattre résolûment. Dire à cause des difficultés que les partis monarchiques rencontrent dans leurs dissentiments entre eux et dans les dispositions du pays, que l'existence de la république n'est pas menacée, est une erreur qui serait funeste si, nous endormant dans une fausse sécurité, elle nous portait à compter uniquement sur la situation. Cette situation, pour prévaloir, réclame le concours de tous les bons Français, l'union de tous les républicains et leur discipline sous ceux qui, dans ces importantes conjonctures, sont leurs chefs naturels.

J'ai parlé tout à l'heure des dangers auxquels la république est exposée présentement; mais ce n'est point assez; je dois dire : les dangers de la France, dont, bien entendu, je mets les intérêts au-dessus de ceux de la république. Si la réunion des députés à Bordeaux dans le néfaste mois de février avait trouvé la monarchie existante ou l'avait aussitôt rétablie, je n'aurais pas, tout républicain que je suis depuis longtemps, rien voulu faire pour l'ébranler ou la troubler, tant je suis convaincu qu'après les effroyables désastres où la folle ineptie de l'empire nous a précipités, ce qui presse uniquement est la reconstitution de nos forces morales et matérielles. Comme c'est la république que la chambre a trouvée debout à Bordeaux et qui dure depuis plus de deux ans, les bons Français, que j'oppose sans hésitation aux *gens de bien* ligués par le gouvernement de combat, ne doivent gaspiller ni temps, ni forces à défaire ce qui est fait. Deux ans de république ont rétabli l'ordre, libéré le territoire, assuré nos finances. Dans ce progrès des choses, combien trois mois de déchirements monarchiques jetteront-ils de mal et de désordre!

Ceci est, dans la tentative de renverser la république, le danger prochain; mais il en est un lointain qui n'en est pas moins grave. Les coups de force qui, depuis quatre-vingts ans, enchaînent ou déchaînent tour à tour la révolution, sont un malheur et une honte pour le pays. A tout prix, il faut y mettre un terme; toutes les bonnes volontés, tous les courages, toutes les prévoyances, doivent tendre à ce but. Eh bien, les infatués et les fanatiques, seuls, s'imaginent que la royauté légitimiste et cléricale peut s'affermir sur notre sol démocratique. Une commotion l'emporterait; mais une commotion aggraverait nos charges financières, entraverait notre réorganisation et ferait de nous une proie plus facile à nos vigilants ennemis.

Si la situation française veut l'apaisement et la continuité, la situation monarchique veut tout autre chose. La royauté bourbonienne a, pour agir, peu de temps devant elle, quelques mois seulement. Elle ne songe pas à consulter le suffrage universel qu'elle redoute; encore moins songe-t-elle à susciter dans le pays un entraînement pour des dynasties vers lesquelles, dans nos désastres et notre réorganisation, aucune main ne s'est tendue, et dont les derniers événements ont mis dans tout son jour la complète inutilité; mais elle songe à profiter hâtivement de la force que le hasard d'élections faites pour une prompte paix lui a créée et qu'emporteront les prochaines élections. Ainsi, une impérieuse nécessité la contraint de tenter un effort décisif dans le court espace de temps qui est devant nous. Un peu plus tard serait trop tard.

A la nécessité d'agir vite se joint celle d'agir réunis. Si le parti monarchique bourbonien restait divisé, il demeurait tout à fait impuissant, même dans la chambre, où est son unique espérance. Sous cette pression, M. le comte de Paris, avec l'autorisation de toute sa famille, s'est rendu auprès de M. le comte de Chambord et l'a reconnu pour son roi.

Dès les premiers jours qui ont suivi le 24 mai, on a dit que la coalition des trois partis n'était entre eux qu'une trêve où chacun essayerait de duper, d'évincer les deux autres. Aujourd'hui, le tour est fait; le bonapartisme est dupé; l'orléanisme s'évince lui-même; et le légitimisme clérical reste seul maître du terrain gagné par les trois coalisés.

Dans l'union des deux monarchies bourboniennes, l'alternative était ou que M. le comte de Chambord prendrait le drapeau tricolore, ou MM. les princes d'Orléans prendraient le drapeau blanc. C'est cette dernière solution qui a prévalu. Abandonner le testament si décisif et si remarquable de son père a dû coûter au comte de Paris. Non moins pénible à MM. les princes d'Aumale et de Joinville a dû être le sacrifice de 1830 et de Louis-Philippe. Mais enfin les raisons dynastiques l'ont emporté; et il n'est plus dans la maison d'Orléans personne qui ne remette aux pieds de la légitimité la grande révolution de 1789, principe et symbole.

Je me sers des termes drapeau tricolore et drapeau blanc, comme désignations abrégées des deux doctrines politiques et sociales qui, en définitive, divisent la France depuis quatre-vingts ans. Le drapeau tricolore représente ce que le chef de la catholicité a, dans une lettre toute récente, nommé *les erreurs d'un droit nouveau,* c'est-à-dire la liberté politique, la liberté de conscience, la liberté de la presse, le libre examen et le développement indéfini de la société sous le régime de la science. Le drapeau blanc représente le droit divin, l'alliance du trône et de l'autel, l'asservissement politique, et, ce qui est encore plus dur et plus insupportable pour les sociétés modernes, l'asservissement théologique.

Si la république subsiste, MM. les princes d'Orléans seront de riches et puissants citoyens, mais ils ne seront que cela. Si, au contraire, le drapeau blanc revient flotter sur les Tuileries, ils seront princes du sang, et, comme M. le comte de Chambord n'a point d'enfants, ils seront, par droit de légitimité, rois de France. Pendant cetemps, les Bonaparte, sans qui le 24 mai aurait échoué, repasseront la frontière et iront méditer en Suisse et en Angleterre sur les mérites de l'appel au peuple et les douceurs du plébiscite.

Le drapeau blanc, rallié par les princes d'Orléans, est fort dans la chambre, mais très faible dans le pays. Sa puissance et ses partisans y ont constamment décru. Ils furent moindres en 1815, pendant les Cent Jours, que dans les terribles guerres de la Vendée; moindres en 1832 lors de l'expédition de la duchesse de Berry qu'en 1815; moindres encore en 1848 et en 1870, où sa couleur n'a pu même se montrer. Si des intrigues d'escamoteur (quel autre nom donner à qui refuse de consulter la volonté nationale?) l'emportaient dans la chambre, on verrait bien que c'est une grosse affaire d'ôter le drapeau tricolore à l'armée, à nos villes républicaines, à nos campagnes, où il est le symbole de leur affranchissement du seigneur et du prêtre, à tant de provinces qui frémiraient si on tentait de le leur arracher.

Ainsi notre faiblesse est dans la chambre; notre force, dans le pays. Une situation exactement connue, un terrain bien étudié fournit immédiatement des règles de conduite. Susciter toutes les sympathies pour le drapeau tricolore, réveiller toutes les aversions pour le drapeau blanc, ces deux symboles des doctrines les plus antagonistes qu'il y ait au monde, voilà ce qu'il faut faire partout et tous les jours durant la prorogation, afin d'opposer une puissante opinion publique à des formations de majorité qui, n'étant jamais que des coalitions sans lendemain, livrent le pays aux hasards de toutes les commotions.

Nos moyens de résistance sont grands même dans la chambre, parce que grandes sont les difficultés qui gênent nos adversaires. Voyez, en effet, la série des mesures qu'il leur faut faire passer. Supprimer le drapeau tricolore, adopter le drapeau blanc, rétablir la monarchie de droit divin, recevoir du roi une charte octroyée; se rendre, en un mot, sans condition au légitimisme et au cléricalisme. Il n'est pas un de ces points qui ne soulève les plus violents orages, et qui ne permette d'entraver suffisamment les clauses particulières pour faire avorter le plan général.

Quelques-uns se rappellent, et l'histoire témoigne, combien en 1814, l'ancien régime, reparaissant, souleva de répugnances, enlevant soudainement à la restauration les sympathies que le retour de la paix et une charte lui avaient tout d'abord conciliées. Ce fut un spectre; que sera-t-il donc, ce spectre, soixante ans après, quand le régime moderne a pris possession de la société entière! Souveraineté nationale, liberté politique, laïcité de l'État, doctrines philosophiques et sociales sans autre contrôle que la science, la science elle-même ne reconnaissant d'autorité que la démonstration, sans aucun souci des textes légendaires, enfin les classes laborieuses prenant en main leurs propres intérêts et les soutenant par la parole et par les actes d'association et de grève, où dans tout cela l'ancien régime trouvera-t-il à se loger?

Il flottera à la surface, comme une écume que le moindre souffle dissipe.

Les ultras de la nouvelle restauration nous disent qu'ils la feront même à une voix de majorité. C'est peu. Elle sera belle à voir, cette restauration, quand, dans une position cent fois plus précaire que l'ancienne, elle aura à lutter contre une implacable opposition. Libéraux, républicains, socialistes, bonapartistes, que d'adversaires! Et notez que, tandis que la république s'ouvre à tous ceux qui veulent, de quelque côté qu'ils viennent, l'ordre et la liberté, la nouvelle restauration ne peut s'ouvrir qu'aux fauteurs du *Syllabus* et à ceux qui répètent avec foi les détestations du chef de la catholicité contre les principes de 89 et le droit nouveau.

Une voix de majorité dans la chambre, et la minorité dans le pays! Et ce sont des hommes politiques qui se confient en des combinaisons aussi arbitraires, ne tenant compte ni du passé, ni du présent, ni de la force des choses! Il faut, à chacune de nos crises, reconnaître avec une véritable douleur et une profonde mortification, qu'en France les classes supérieures sont absolument incapables et indignes de tenir la direction des mouvements sociaux. Tandis que, dans l'Angleterre, des classes supérieures, bien autrement solides que les nôtres, ne s'obstinent jamais dans leurs rancunes ou leurs préjugés, et obéissent prudemment et honnêtement aux nécessités sociales; les nôtres, avec la légèreté de cœur que l'on connaît, ne demandent qu'une voix de majorité parlementaire pour se mettre au-dessus de toutes les volontés et de tous les instincts du pays! La seule chose que nos conservateurs aient jamais conservée, est leur infatuation.

Je ne m'occupe point, on le comprend, des rumeurs d'après lesquelles M. le comte de Chambord déserterait le drapeau blanc, adopterait le drapeau tricolore, recevrait de l'assemblée une charte, et, de roi légitime, deviendrait roi constitutionnel. Il a toujours repoussé résolûment et franchement une pareille transaction. A cet égard, ses déclarations n'ont jamais varié.

Si aujourd'hui elles variaient, quelle confiance sa nouvelle attitude pourrait-elle inspirer? Son cœur, — qui en doute? — est tout entier avec le drapeau blanc. Son entourage intime sera exclusivement légitimiste et clérical. Ses légitimistes l'exciteront journellement contre la révolution; ses prêtres lui interpréteront ses promesses et lui allégeront la conscience. C'est ainsi que son grand-père Charles X, qui ne valait pas moins que lui, viola la charte, souleva la guerre civile et fut rejeté hors de France.

M. le comte de Chambord ne se commettra point en des contradictions si dangereuses pour tout le monde. Ses déclarations demeureront invariables, car il les a mises sous l'autorité du chef suprême de la catholicité. Le pape, condamnant les *erreurs du droit nouveau,* met sa confiance dans la monarchie légitime, dans le droit divin, dans la restauration de nos anciens rois : événements qui rendront, dit-il, aux doctrines catholiques et au régime théologique toute la puissance des anciens jours. Le pape n'est-il pas un assuré garant du roi?

Constitution politique de la France.

I

Le parti monarchique nous parle sans cesse de l'antique constitution de la France, de la révolution criminelle qui nous l'a enlevée, et du salut qui nous attend quand nous y retournerons. Jamais paroles plus vaines n'ont été prononcées. La révolution n'a point détruit la vieille constitution de la France ; depuis longtemps cette constitution n'existait plus au moment où la révolution éclata ; et c'est la monarchie elle-même qui, se débarrassant de la représentation nationale d'alors, coupa la tradition historique, cette garantie de durée pour les institutions.

L'ancienne constitution de la France, qui fonctionna depuis le commencement du quatorzième siècle jusqu'au commencement du dix-septième, c'est-à-dire pendant plus de trois cents ans, comprenait la monarchie héréditaire et les états généraux, composés des trois ordres, le clergé, la noblesse et le tiers état.

Celle-là n'avait jamais été écrite. Celles qu'on n'écrit pas sont les meilleures et les plus solides ; car elles proviennent des conditions sociales et des profondeurs de l'histoire. Telle en effet était l'origine de la monarchie héréditaire et des états généraux. La monarchie remontait à Hugues Capet, à la dissolution de l'empire carlovingien, à la formation du grand système féodal. Les états généraux remontaient aux assemblées d'église et de baronnie, qui délibéraient avec le roi, et auxquelles s'associa sans difficulté le tiers état, quand un tiers état se fut formé. Ainsi s'était constitué notre antique gouvernement, avec ses deux organes solidaires l'un de l'autre, le roi et le conseil national. Tout fut traditionnel dans ces institutions; et il aurait fallu de bien malheureux événements pour qu'elles n'eussent pas puissance et durée.

Ni la puissance ni la durée ne leur manquèrent. Les états généraux et la monarchie remplirent leur office séculaire. La royauté et la nation, liées l'une à l'autre par des relations régulières, se développèrent concurremment; et l'histoire remarque que, durant ce long espace de temps signalé par tant de vicissitudes, les plus utiles réformes naquirent des délibérations des états généraux.

Mais, sous Louis XIV, il plut à la monarchie, profitant d'un ascendant momentané, d'usurper sur la nation le droit de délibération des affaires publiques, et de s'affranchir du contrôle des états généraux. On ne les appela plus. De cette façon se trouva supprimée une moitié de la constitution historique de la France. Il ne resta que l'autre moitié, la monarchie héréditaire, sans communication avec la nation, et coupable d'un attentat aussi illégitime qu'impolitique.

Du moment que la monarchie eut goûté des trompeuses douceurs de l'autorité absolue, rien ne put l'en détacher. Elle repoussa loin d'elle tous les souvenirs des états généraux. Les hommes qui se hasardèrent à les lui rappeler furent considérés comme des ennemis et des factieux. De période en période, l'isolement s'accrut entre la nation que la nécessité des réformes travaillait, et la monarchie héréditaire à qui son méfait ne permettait pas de s'y laisser aller. Ce ne furent ni la fin de Louis XIV, ni le gouvernement du régent, ni le règne de Louis XV qui amoindrirent les dangers d'une pareille situation. Plus le siècle s'avança, plus il devint impossible, dans les difficultés qui s'élevèrent, de songer à aucun autre remède qu'une plus grande tension dans l'arbitraire, un plus fréquent emploi de la Bastille, et plus de mauvaise humeur contre la discussion philosophique et la libre pensée.

Si, durant les cent quarante ans de ce régime de plus en plus discordant avec l'esprit de la société, les états généraux eussent été convoqués régulièrement, les besoins de réformes eussent été graduels, et graduelles aussi les réformes. La nation et la monarchie auraient marché de concert, et non l'une d'un côté, et l'autre de l'autre. Qui pouvait prévoir ce que serait la rencontre, quand la nécessité des choses les remettrait en présence ?

Cette remise en présence advint en 1789. La monarchie étant réduite aux abois par une opinion publique formidable et par le désarroi financier, on redemanda impérieusement les états généraux, tombés en désuétude, sans précédents prochains qui les guidassent, sans tradition reconnue qui les contînt. Tout était nouveau, la situation, les hommes, les besoins, les aspirations. On n'avait derrière soi que l'incandescence d'un siècle dégoûté du présent, audacieux dans ses pensées, fier de son ardent amour de l'humanité. Les états généraux, ressuscités en ces redoutables conjonctures, arrivèrent pleins de réformes retardées, accumulées, qui n'étaient rien de moins qu'une révolution ; et la monarchie fut emportée.

Ami de l'histoire et de la tradition, personne plus que moi ne déplore l'attentat de la monarchie contre la tradition et les franchises nationales. Il supprima le développement parallèle et salutaire de la nation et de la monarchie. La vieille constitution française possédait tout le nécessaire pour se développer au fur et à mesure des besoins matériels, intellectuels et moraux de la société. Elle l'avait amplement prouvé pendant trois grands siècles d'existence. Mais les regrets historiques sont superflus; le passé peut être étudié, non refait. Depuis l'anéantissement des états généraux par les mains de la royauté, la France flotta sans constitution politique, au gré d'une monarchie purement administrative en ce qu'elle avait de bon, purement arbitraire en ce qu'elle avait de mauvais. Cela ne pouvait durer au milieu de la fermentation des nouvelles sciences, des nouvelles opinions, des nouvelles choses, des nouvelles mœurs; et la révolution, en précipitant tout dans le vide laissé par la longue suppression des états généraux, ne fit qu'obéir à la nécessité impérieuse.

La nation ne peut être responsable de la catastrophe. L'instinct universel ne s'y trompa point ; et il importe de noter le très-rapide changement qu'éprouvèrent les sentiments du peuple. Peu auparavant, il était profondément attaché à la famille royale ; et il n'est besoin que de citer les transports de joie qui éclatèrent à propos de la convalescence de Louis XV. Mais à peine le conflit entre la royauté et la révolution eut-il pris feu, que les attachements traditionnels disparurent. La fidélité royaliste demeura chez une fraction de la population ; mais la plus grande partie, à beaucoup près, renonça à la vieille allégeance, et depuis n'y est plus retournée.

Que veut-on donc nous dire, quand on prétend nous rendre la monarchie de nos pères? Sont-ce les états généraux? Mais la monarchie les supprima il y a maintenant bien plus de deux siècles; et le temps a supprimé les deux ordres de la noblesse et du clergé. Est-ce la monarchie absolue avec les parlements, les remontrances et les lits de justice? Mais on rirait rien que d'y songer. De quelque côté que, se mettant en face du présent, on regarde la vieille monarchie, elle apparaît comme une chimère sans figure et sans nom. On a beau dire et beau faire, le problème reste toujours de s'accommoder aux conditions présentes et futures de la société moderne, constituée sans doute dans ses éléments fondamentaux par le passé de notre histoire, mais remaniée par la révolution.

II

La France, privée de ses organes historiques par l'usurpation de la royauté, séparée de sa tradition politique par cent quarante ans de désuétude, disputant sa liberté et son avenir à un régime qui retardait en tout désormais, entra alors dans cette phase qu'Auguste Comte a si justement et si grandement nommée : sa périlleuse initiative.

Tous les problèmes politiques et sociaux se pressèrent à la fois. Que faire de la royauté, de la noblesse, du clergé, des parlements? et surtout que faire avec les nouveaux éléments qui entraient dans la société, avec les nouvelles opinions qui la transformaient? Supprimer fut relativement facile, n'étant que négatif; mais un régime à organiser positivement requiert plus que des hommes capables, il requiert la coopération du temps. Aussi la révolution ne put-elle ébaucher que des commencements.

Périlleuse, une telle initiative l'était par sa nature, et le fut grièvement dans la réalité ; tant et de si profondes réformes équivalaient, je l'ai dit, à une révolution. Pacifique? Qui pouvait l'espérer en un conflit si ardent entre deux régimes incompatibles, le régime de foi et de privilége qui s'en allait, et le régime de science et d'égalité qui arrivait? Violente? Elle le devint par la guerre civile qui fut affreuse, par la guerre étrangère qui fut formidable, et par la cruauté qui ensanglanta les mains des deux partis. La France y faillit périr; la monarchie y périt; et le pauvre Louis XVI, roi en un si terrible moment, paya pour ses trois prédécesseurs, Louis XIV, le régent et Louis XV.

Ce fut aussi une grande et féconde initiative. A ce moment, tous les hommes éclairés d'un bout de l'Europe à l'autre, sentant le malaise politique et social, désiraient et attendaient des changements. Qui en donnerait le signal? Ce fut la France, ce furent ses assemblées. L'accueil aux nouvelles choses fut partout vif et sympathique. Mais bientôt les craintes d'anarchie, les violences, la guerre et — pourquoi ne le dirais-je pas? — les crimes effrayèrent l'opinion européenne. Ce ne fut toutefois que pour un moment. Dès que le règne perturbateur de Napoléon Ier fut passé et la paix rétablie, les idées émanées de l'initiative française prirent leur essor; et, aujourd'hui, après quatre-vingts ans, l'Europe entière est modifiée selon la direction ouverte par la révolution de 89.

Si, depuis lors, les rois étaient devenus plus absolus, plus indépendants de leur peuple, plus maîtres de sa bourse et de sa vie, plus dégagés de toute autre responsabilité que de leur responsabilité, comme ils disaient, envers Dieu, il faudrait bien convenir que la révolution n'eût été qu'une vaine et stérile commotion. Mais point; partout des chambres, des assemblées législatives, un contrôle effectif, la gestion des finances soustraite à l'arbitraire, la liberté individuelle et la liberté de la presse. Si, depuis lors, les noblesses étaient redevenues plus privilégiées, avaient regagné leur prépondérance et rétabli l'antique distinction entre le noble homme et le vilain, oui, sans doute, la révolution aurait échoué. Mais point; partout l'ordre nobiliaire a vu ses prérogatives s'amoindrir, là où il lui en reste, et, dans bien des contrées, il ne lui en reste aucune; partout la noblesse féodale, la seule vraie et historique, s'efface, et il ne s'en fait point de nouvelle. Si, depuis lors, l'Eglise avait subordonné de nouveau le temporel au spirituel, si elle avait repris tout ce que la laïcité de l'Etat lui a ôté, si elle pouvait protéger par le bras séculier, comme jadis, ses dogmes contre les dissidences des hérétiques, contre les discussions des libres penseurs, contre les découvertes menaçantes de la science, qui nierait que la révolution eût perdu son travail et sa peine? Mais point; partout les choses deviennent de plus en plus laïques; ce qui est la grande et visible marque du progrès de l'opinion dans son indépendance à l'égard des doctrines cléricales; et, pour tout résumer, le pape même n'a plus Rome.

C'est par leurs conséquences lointaines et durables que s'apprécie la valeur des événements historiques. Quand Louis XIV, poussé par son clergé, entreprit contre les calvinistes cette détestable croisade qu'on nomme la révocation de l'édit de Nantes, ce fut un coup sans avenir et sans portée. Le protestantisme européen n'en souffrit aucune atteinte, et même celui de France ne fut pas extirpé. C'était attaquer dans leur germe la tolérance, la liberté de conscience, la liberté d'examen. Que put le tout-puissant monarque pour les empêcher d'éclore? Le mouvement général de l'esprit moderne fut plus fort que lui ; mais la révolution de 89, qui fut et demeure en accord avec ce mouvement général, n'a cessé de s'étendre et de s'accroître, sans autre limite que le progrès même du savoir humain qui en prend désormais la direction.

Cette extension, cet accroissement continu depuis quatre-vingts ans sont un grand témoignage qui frappe tous les yeux. Ce qui doit frapper non moins les yeux, ce qui est la cause profonde de l'extension et de l'accroissement, c'est la concordance intime avec le développement de la science. Cette concordance ôte au progrès moderne tout ce qui pourrait paraître accidentel et contingent, et en assure l'avenir. Il n'est point une seule des découvertes successives qui vienne confirmer les anciennes opinions; toutes, de loin ou de près, directement ou indirectement, les entament, les affaiblissent, les contredisent. En revanche, il n'en est pas une seule qui ne contribue à assurer, à diriger, à rectifier le mouvement social. Tous deux, le mouvement scientifique et le mouvement social, sont désormais liés indissolublement.

Je n'oublie point la précédence de la révolution d'Angleterre et de celle de Hollande, ni l'appui qu'elles donnèrent à l'élaboration du dix-huitième siècle, ni la reconnaissance qu'on leur doit. Mais ces considérables événements avaient fourni tout ce qu'ils pouvaient fournir; et leur caractère historique leur imposait des limites, que ni la Hollande, ni l'Angleterre ne voulaient franchir tant dans le domaine théologique que dans le domaine social. Pourtant il fallait les franchir. C'est ce grand effort qui, échéant à la nation française, fut sa périlleuse initiative.

III

Les ébranlements qui ont plus d'une fois renversé nos gouvernements, quelques dangers qu'ils aient comportés, n'ont point été des symptômes de dissolution. Pour s'en convaincre, il suffit de considérer que, malgré ces renversements, la France n'a cessé de gagner dans la production, dans l'industrie, dans la richesse, dans la science. Son progrès, en tout cela, a été aussi irrésistible que régulier. Tant il est vrai que la surface seule est tourmentée, et que les éléments fondamentaux, plus forts que les commotions, poursuivent sans relâche leur activité féconde.

Ces éléments qui opèrent avec tant de continuité et de succès ont été déterminés dans leur constitution intime par les conditions sociales issues de la révolution française ; et, à leur tour, ils en garantissent et régularisent le développement. A qui demande où sont chez nous les bases de l'ordre moderne, on n'a qu'à montrer le sol possédé par les paysans, l'industrie avec ses patrons et ses ouvriers, le commerce avec sa liberté, la science avec son essor incompressible.

Je rappelle ces grands faits pour indiquer que, depuis quatre-vingts ans, la France travaille réellement et par la seule voie efficace à se refaire une constitution historique, puisque celle que lui avaient donnée les siècles lui a été enlevée par ses rois.

Elle y travaille négativement, en rejetant tout ce qui est mal compatible avec l'ordre nouveau. Elle y travaille positivement, en consolidant chaque jour davantage les intérêts matériels et moraux que cet ordre nouveau a produits.

C'est le travail négatif qui, à maintes reprises, décida de l'écroulement de monarchies impériales et royales vainement établies ou rétablies. La force des circonstances réduisit toujours à des fonctions purement viagères ces hérédités prétentieuses, qui s'adjugeaient l'avenir. On projetait des dynasties, et aucun règne n'a pu être achevé, ni aucun prince héréditaire hériter de la couronne qui lui était promise. Notre récente histoire éclaire le grand sens de Cromwell ; lui mourut protecteur de l'Angleterre, parce qu'il ne s'en fit pas le roi et ne s'attribua qu'un pouvoir viager. Le pouvoir prétendu héréditaire de nos Cromwells n'a servi qu'à les conduire à l'exil.

C'est le travail positif qui crée peu à peu et lentement à la

France une constitution née de son développement naturel et régulier. Je le répète, ce développement politique a repris à nouveau en partant de l'ère de 89, ayant été interrompu dans sa continuité ancienne par la monarchie usurpatrice. Et il n'a pas opéré en vain; car déjà, grâce à lui, le nouvel ordre lui doit son symbole, le drapeau tricolore; sa force, une société égalitaire; son expression, le suffrage universel; sa direction, la science appliquée à toutes les choses sociales.

Pas plus que l'ancienne constitution française, la nouvelle ne s'écrit; elle se fait. Toutes les fois qu'on a voulu l'écrire, on lui imposa une forme qui la contraignait inutilement et qui demeurait sans vertu. Les intérêts et les opinions lui donnent la force; les précédents lui servent d'échelons. Il est difficile de voir qu'une constitution qui se fait ainsi par des lois successives et appropriées aille à la monarchie; il est facile de voir qu'elle va à la république.

Dans le parti bien indûment désormais qualifié de conservateur, les classes supérieures, unanimes en cela seul qu'elles regrettent plus ou moins les anciennes choses et qu'elles tirent tant qu'elles peuvent la France à rebours, lui offrent trois solutions monarchiques : la monarchie de droit divin avec la prépondérance du cléricalisme et la soumission à la papauté; la monarchie constitutionnelle très-mal définie, puisqu'on ne sait ni sur quel droit électoral elle entend se fonder, le cens restreint ou le suffrage universel, ni à quel monarque elle se voue, attendu que, depuis la résignation des princes d'Orléans entre les mains du roi de droit divin, il n'y a plus de roi pour une constitution émanant de la souveraineté nationale; enfin, la monarchie césarienne, avec ses tendances plus ou moins démagogiques.

Entre ces trois énigmes :

Devine, si tu peux, et choisis, si tu l'oses.

Il faut avoir du courage pour invoquer en faveur de la monarchie l'argument de stabilité, quand nous avons en présence trois héritiers, représentants de trois monarchies déchues. Une monarchie n'est un gage de stabilité qu'à la condition d'un amour enraciné pour une ancienne race royale. Où trouver chez nous rien de pareil? La monarchie de Louis-Philippe ne fut jamais qu'un mariage de raison dont tous les motifs ont disparu. Le nom des Bonaparte a été légendaire ; mais Sedan et le cruel démembrement de la France ont atteint profondément la légende. Quant aux fidèles d'Henri V et du drapeau blanc, ils sont une petite minorité ; encore est-il parmi ces fidèles bien des cléricaux qui ne tiennent à Henri V que parce qu'ils comptent que, défaisant l'Italie, il rendra Rome au pape. Les difficultés de la monarchie font la facilité de la république.

Il faut à la France des garanties qui lui assurent la conservation de ses intérêts modernes, de ses opinions modernes, de son développement moderne. La république seule est sans incompatibilités, grandes ou petites, avec la pleine action et le plein accroissement de ces éléments. C'est la vue claire de la situation qui porta M. Thiers, ancien monarchiste, à maintenir la république qu'il trouva établie, et donna un si éclatant succès à ses deux ans de gouvernement. Qui peut comparer sa politique d'apaisement inhérente au maintien de la république, avec la politique de combat inhérente aux espérances monarchiques? Jugez par ces deux échantillons combien la monarchie sera de combat, combien la république est d'apaisement, et estimez par là leur stabilité respective.

Paris vaut bien une messe.

En sommes-nous là? Le descendant d'Henri IV est-il disposé, pour obtenir Paris et la France, à passer du côté de la majorité du peuple français, à prononcer une abjuration, et à recevoir des mains de l'assemblée le drapeau tricolore et une charte, comme le Béarnais passa du côté de la majorité, abjura le calvinisme et reçut la messe? On en parle. Parlons-en.

La fusion, en réunissant la branche aînée et la branche cadette de la maison de Bourbon, doubla immédiatement les forces de la monarchie; et, au premier moment de la surprise, on put croire que M. le comte de Chambord n'avait plus besoin que d'une formalité parlementaire pour reprendre une couronne que Charles X avait volontairement compromise en vue d'intérêts de légitimité et de sacristie. Mais cette impression n'a pas longtemps duré. Drapeau blanc, légitimité, sacristie, qu'est-ce là, a-t-on pensé d'un bout du pays à l'autre? Les pèlerins et les pèlerinages ont eu beau crier vive Henri V! vive la légitimité! et arborer, sans être inquiétés par le gouvernement de combat, le drapeau blanc : tout ce qui ne *pèlerine* point est resté hostile, et l'opinion publique s'est montrée si vite et tellement résolue, que la difficulté de l'entreprise est devenue une impossibilité, et qu'il a fallu renoncer à conduire le pays du centre gauche, où longtemps on a dit avec raison qu'il est placé, à l'extrême droite où il n'a jamais été.

Cela est tellement certain que la chambre elle-même, où la

majorité est monarchique, où la fusion a reçu tout accueil, où la république a ses plus ardents ennemis, la chambre elle-même, dis-je, mettrait en minorité le drapeau blanc et une charte octroyée. Que serait-ce dans le pays, où la fusion n'a excité que des alarmes, où la monarchie n'apparaît que comme un nouveau bouleversement et où l'on devient rapidement républicain par expérience et par raison?

La fusion a donc eu pour premier et incontestable résultat de manifester l'impossibilité politique et sociale, où est M. de Chambord, s'il veut être présenté, discuté et voté à l'assemblée, de faire prévaloir le drapeau blanc et la pureté de ses opinions légitimistes, de ses doctrines cléricales. La France n'est pas à droite; en voilà la démonstration. Il est bon de voir de temps en temps apparaître les démonstrations des grands faits politiques et sociaux. J'ai rappelé qu'en somme la France est centre gauche. Je ne disconviens pas qu'un centre gauche ne puisse s'accommoder d'une monarchie constitutionnelle et, si l'on veut, d'une légitimité convertie à la souveraineté nationale. Mais, légitimité avec conversion, ou conversion avec légitimité, nul ne sait ce qu'il adviendra d'un amalgame hétérogène.

Paris et la France valent bien une messe, a dit jadis Henri IV. M. de Chambord dira-t-il : Paris et la France valent bien l'amertume du drapeau tricolore et des principes de 89? Il est curieux de noter combien tout est opposé dans les deux situations, et à rebours l'une de l'autre. Henri IV était plus libéral que son peuple; M. de Chambord est moins libéral que le sien. Henri IV apportait et imposait la tolérance à qui ne la connaissait pas; elle sera imposée à M. de Chambord, qui n'y voit qu'un damnable effet du libre examen. Henri IV était en avance sur son temps, si bien que ses successeurs, aveugles et rétrogrades, détruisirent son œuvre; M. de Chambord est en arrière du sien, et ses instructeurs politiques et religieux lui ont inculqué la détestation de tout le droit nouveau depuis 89 et surtout de l'évolution progressive qui le développe conformément à ses origines. Henri IV s liait avec les puissances protestantes contre l'esprit d'intolérance et de domination qui animait les puissances catholiques ; M. de Chambord, vu que le débat s'est transformé, n'étant plus entre catholicisme et protestantisme, mais entre l'Etat laïque et la religion d'Etat, est pour la religion d'Etat contre la laïcité. Quelle étrange et significative discordance ! Comment attendrait-on des effets semblables d'une aussi dissemblable situation ? Dans les deux transactions, dans les deux sauts périlleux, pour me servir de l'expression d'Henri IV, tout se tourne le dos : l'une a réussi, parce que le roi se trouva politiquement supérieur à son peuple ; l'autre échouera, parce que le peuple se trouve politiquement supérieur à son roi.

Tout cela saute aux yeux ; mais ce qui n'y saute pas moins, c'est l'étroite nécessité qui contraint le parti monarchique bourbonien, ne lui laissant le choix ni des moyens ni du temps. Une circonstance unique, qui ne se reproduira pas, lui a procuré dans la chambre une prépondérance dépassant bien des fois ce qu'il a réellement de pouvoir dans le pays. Des élections faites pour tout autre chose que la restauration de la légitimité, ont porté à l'assemblée, en qualité d'amis de la paix, des légitimistes et des orléanistes qui viennent de se fondre et qui forment une masse compacte. Demander directement un vote au pays, tout le monde le sait, et eux mieux que personne, tournerait à leur confusion, et jamais le nom de M. de Chambord ne sortira d'un plébiscite. Des élections générales, tout le monde le sait et eux mieux que personne, balayant un grand nombre de bourboniens, mettraient les partis dans des proportions bien différentes. Des gens sages se méfieraient d'un avantage à la fois fortuit et précaire ; mais les partis sont des gens fous. Le nôtre (dans sa fraction radicale) n'a-t-il pas, malgré tous les avis, mis en minorité M. Thiers à Paris et rendu possible le 24 mai ? Cette rude leçon porte des fruits ; le parti républicain demeure sage en face du gouvernement de combat, et compte sur le concours que l'opinion publique lui prête et sur les fautes de la légitimité tricolore, puisque c'est là le bizarre symbole de la fusion en sa phase présente.

Bizarre symbole, en effet! On a vaincu les républicains dans la chambre, seul terrain où les bourboniens pussent l'emporter sur eux. On a dupé les bonapartistes, ces renards pris si piteusement au piége par les poules légitimistes ; ils y ont donné avec autant d'imprévoyance que fit naguère leur empereur dans le traquenard dressé par la Prusse. Mais la légitimité blanche est inacceptable et inacceptée, même à la chambre. Voilà comme on arrive forcément à la légitimité tricolore. On espère que les légitimistes voteront pour elle, parce qu'elle est légitime, et les orléanistes, parce qu'elle est tricolore; et, si l'on réussit, on se félicitera d'avoir effectué, même à une voix de majorité, une combinaison mal vue des blancs, mal vue des bleus, assaillie par les bonapartistes, combattue par les républicains, sans confirmation par le pays, sans autre direction qu'une tendance vers le cléricalisme et le passé, en opposition avec la tendance moderne vers la science sociale, résumé de toutes les sciences positives.

Depuis le 5 août, jour de la visite de M. le comte de Paris à M. le comte de Chambord, la solution par le drapeau blanc a été éliminée en vertu de la force des choses. Reste la solution par le drapeau tricolore; et le dilemme est posé : ou renoncer à un trône sur les marches duquel on pense avoir déjà le pied, ou recevoir, symbole et tout, le régime nouveau.

Cela se fera-t-il? Je n'en sais rien. Les déclarations négatives de M. de Chambord ont été fort explicites; mais *Paris vaut bien une messe*. Ce mot résume tout, en bien comme en mal, les bonnes tentations comme les mauvaises, la résistance des principes personnels et les influences collectives du parti, les inspirations de la conscience naturelle et les occultes suggestions de la direction sacerdotale.

Cela réussira-t-il? Je n'en sais rien non plus. Il ne faut pas se dissimuler qu'une monarchie avec le drapeau tricolore et une constitution votée a des chances, du moins dans la chambre.

Cette combinaison réunit les orléanistes et les légitimistes, sauf pourtant les dislocations; car notez bien que le concours n'est qu'apparent, les orléanistes votant pour la constitution avec un médiocre souci du roi, et les légitimistes votant pour le roi avec un médiocre souci de la constitution; ces deux négations feraient une assez piètre affirmation.

La restauration de la légitimité, c'est, au-dedans, la contre-révolution et la révolution aux prises, ce qui est, pour un pays, une dangereuse destinée; c'est, au dehors, l'hostilité sourde tant qu'on ne pourra faire plus, et la guerre déclarée si l'on se croit assez fort, contre les faits accomplis au nom de la laïcité de l'État. Mais, pour mettre à nu l'hétérogène combinaison de la légitimité et du drapeau tricolore, pour en détourner tous ceux qui ne veulent plus de révolution, il faut un moment la supposer réalisée.

Soit, c'en est fait; le pas est franchi, la messe a été entendue solennellement, je veux dire, le drapeau tricolore, symbole de la révolution, et une constitution votée par la chambre ont été acceptés par Henri V. Tous les adoucissements compatibles avec le fait lui-même ont été mis en œuvre; mais enfin le calice amer, longtemps repoussé des lèvres, les a touchées; et devant les nécessités politiques les répugnances se sont dissimulées.

Eh bien! à cette dissimulation de répugnances, à cette renonciation de principes, nul ne croira, ni les amis du nouveau roi ni ses ennemis, ni la contre-révolution ni la révolution, ni les partisans du drapeau blanc ni ceux du drapeau tricolore. Sous la restauration, ce ne furent pas les libéraux qui y crurent; et le roi se méfia d'eux constamment, à tort pour quelques-uns, avec raison pour plusieurs. Ce ne furent pas les légitimistes qui y crurent; le pavillon Marsan fut en conspiration permanente contre les institutions octroyées; et, finalement, ce fut la royauté qui, manquant de parole, rompit le pacte et la paix.

Le danger des suspicions réciproques qui fut si grand alors, quel ne sera-t-il pas dans un pays encore plus avancé et sous un prince encore plus arriéré?

Les gens de 1814 se souviennent que M. le comte d'Artois avait différé de jurer la charte octroyée par son frère; mais, quand, en 1815, Napoléon, débarquant à Cannes, marcha sur Paris, le prince retardataire se hâta de prêter un serment que les circonstances lui demandaient. Ce sont encore les circonstances qui demanderont à son petit-fils l'acceptation de couleurs qu'il hait, de doctrines politiques dont il condamne le principe, d'une laïcité d'État avec laquelle sa religion lui interdit de pactiser.

Les événements de 1789, de 1815, de 1830 et de 1870 ont compté par grandes masses le parti légitimiste. Mais on peut aussi, avec non moins de certitude, le compter par détail. On y rangera d'abord les gentilshommes légitimistes et ceux des bourgeois qui affectent de s'associer aux idées et aux prétentions de la noblesse; puis, dans certaines contrées du Midi et de l'Ouest, quelques masses populaires; enfin, le parti clérical, dévoué au légitimisme tant qu'il y verra un chef de croisade. Mais tout cela ne fait, en nombre, en richesse, en intelligence, en puissance, qu'une bien mince fraction de la France. Cette minorité, peu dangereuse dans sa faiblesse, le devient beaucoup, quand la royauté la préfère, la grandit et la sert.

Les légitimistes et les cléricaux sont partisans de M. de Chambord. Qui pourrait s'en étonner? M. de Chambord est légitimiste et clérical, au premier chef. Il lui est impossible de comprendre sous une autre forme que celle de désordre, de mal et de péché, ce qui s'est fait depuis quatre-vingts ans contre les droits de la monarchie légitime et l'autorité de l'Église catholique. Or, que ne s'est-il pas fait! tout cela s'appelle révolution, et la France moderne est la fille de la révolution.

J'use toujours à regret, pour exprimer notre situation moderne, de ce mot de révolution, vu qu'il est devenu, par le développement des choses, insuffisant et vicieux. Insuffisant, car la révolution a fait bien plus et bien mieux que détruire; vicieux, car, si détruire est parfois nécessaire, c'est toujours un malheur; on peut, à un moment donné, vouloir une certaine destruction; mais on ne s'intéresserait pas longtemps à une œuvre de renversements successifs. Si la révolution n'était que cela, M. de Chambord en aurait meilleur marché. Mais c'est une rénovation où, socialement, tous les éléments producteurs de richesse, de savoir et de moralité, remaniés, refondus, ont pris une activité incompatible avec l'antique organisation, et où, politiquement, toutes les formes ont été changées et remplacées ; en un mot, une rénovation des opinions et des mœurs, aussi assurée dans son principe que dans ses conséquences, étant parallèle au développement régulier des sciences positives. Quoi de commun entre cette situation progressive, d'une part, et, d'autre part, le légitimisme et le cléricalisme dont M. de Chambord est le porteur?

Je ne nie point qu'il y ait deux Frances ; l'une fait et voit des miracles et donne une entière soumission au régime du *Syllabus ;* l'autre aime la liberté et l'égalité, respecte le libre examen, et s'efforce de devenir de plus en plus disciple de l'observation sociale et de l'expérience. Je ne nie point qu'il y ait deux directions politiques; l'une prend son principe dans le droit divin de la royauté et dans les dogmes de l'Église, et s'affirme par la compression de tout ce qui ne se soumet pas à ces deux autorités ; l'autre, émanant de la souveraineté nationale, a pour flambeau l'étude positive de l'évolution naturelle des sociétés. Ces deux Frances, ces deux directions ont été jadis en conflit dans l'année 1789; elles y ont été de nouveau en 1830. Eh bien! elles y seront une troisième fois sous M. de Chambord ; et l'on peut répéter d'avance le cri de douleur et d'effroi lancé quand Charles X songea définitivement à déchaîner les fatales ordonnances : Malheureux roi, malheureuse France!

La laïcité de l'État, l'État laïque, voilà la forme que prend l'évolution régulière. La religion d'État en est le contre-pied. Plus une société moderne se trouve gênée dans le régime théologique, plus la religion d'État perd de son empire, et plus la laïcité gagne de prépondérance. Qui osera dire que M. de Chambord est pour la laïcité de l'État? Si les cléricaux pouvaient un moment s'imaginer qu'il ne travaillera pas au rétablissement de la religion d'État, qu'il ne combattra pas à outrance la laïcité de l'État, qu'il ne s'efforcera pas d'ôter Rome à l'Italie et de rendre au pape le domaine pontifical et le pouvoir temporel, ils l'abandonneraient. Mais ils n'ont rien à craindre ; M. de Chambord est, dans cette cause, ardent et convaincu.

Cette tendance est tellement imminente, tellement dans la nature des choses, que, dès à présent, de grands États prennent leurs précautions ; et même la catholique Autriche s'associe à la ligue contre le *Syllabus*. La France avait une noble et utile attitude d'impartialité dans le conflit théologique qui est engagé ; ni persécutrice du *Syllabus* ni asservie à ses prescriptions, respectueuse pour toutes les autorités spirituelles, elle demeurait fermement laïque, et offrait en exemple sa neutralité sûre et bienveillante. Il a suffi d'un souffle de cléricalisme et de l'approche de M. de Chambord pour dissiper cette salutaire influence de la république. En ceci, la légitimité ne peut être ni neutre ni impartiale; elle y est naturellement belligérante; et déjà l'on se prépare contre le champion que la restauration va produire.

J'ai admiré tout à l'heure l'aveuglement des impérialistes, qui se sont livrés pieds et poings liés à leurs ennemis les royalistes. Je n'admire pas moins celui des constitutionnels travaillant à mettre sur le trône un prince qui ne croit qu'à la légitimité et qui n'a pour inspirateur de conscience que le cléricalisme. Ils se repentiront, cela est sûr, à loisir; mais, en attendant, ils acculent le prince et la nation dans une impasse : lutte légale à outrance pour les premiers temps de la nouvelle restauration, et pour les derniers, des troubles politiques, une compression mortelle si le prince triomphe, une révolution de plus s'il est vaincu.

Dès aujourd'hui on peut se représenter ce que sera cette nouvelle restauration. Dans la chambre, on aura une opposition irréconciliable composée de républicains et de bonapartistes, à côté une opposition parlementaire toujours fort dangereuse pour une monarchie légitime et cléricale, un centre tel quel, et à droite un groupe d'ultras faisant leur partie dans ce quatuor.

Pour être roi, s'il y a encore place en France pour une royauté, ce que je ne pense pas, et si, en relevant le trône, on veut préparer autre chose qu'un office viager, comme l'a été de fait l'office des deux Napoléon, de Charles X et de Louis-Philippe; pour être roi, dis-je, il faudrait être aussi prêt à déposer la couronne que l'était feu Léopold de Belgique, aussi résigné à suivre l'opinion publique que l'est la reine d'Angleterre, aussi dégagé des religions d'État que le fut Frédéric II. Certes, ce n'est pas M. de Chambord qui remplit ce programme.

Paris. Imp. Balitout, Questroy et Ce, 7, rue Baillif.